JOBS OF A WORKING DOG

SERVICE DOG

TAREAS DE UN PERRO DE TRABAJO

PERRO DE SERVICIO

A Crabtree Branches Book

Un libro de Las Ramas de Crabtree

Written by / Escrito por: B. Keith Davidson

Translated by / Traducción de: Santiago Ochoa

Crabtree Publishing

crabtreebooks.com

School-to-Home Support for Caregivers and Teachers

This high-interest book is designed to motivate striving students with engaging topics while building fluency, vocabulary, and an interest in reading. Here are a few questions and activities to help the reader build upon his or her comprehension skills.

Before Reading:

- *What do I think this book is about?*
- *What do I know about this topic?*
- *What do I want to learn about this topic?*
- *Why am I reading this book?*

During Reading:

- *I wonder why...*
- *I'm curious to know...*
- *How is this like something I already know?*
- *What have I learned so far?*

After Reading:

- *What was the author trying to teach me?*
- *What are some details?*
- *How did the photographs and captions help me understand more?*
- *Read the book again and look for the vocabulary words.*
- *What questions do I still have?*

Extension Activities:

- *What was your favorite part of the book? Write a paragraph on it.*
- *Draw a picture of your favorite thing you learned from the book.*

Apoyos de la escuela a los hogares para cuidadores y maestros

Este libro de alto interés está diseñado para motivar a los estudiantes dedicados con temas atractivos, mientras desarrollan la fluidez, el vocabulario y el interés por la lectura. A continuación se presentan algunas preguntas y actividades para ayudar al lector a desarrollar sus habilidades de comprensión.

Antes de leer:

- *¿De qué pienso que trata este libro?*
- *¿Qué sé sobre este tema?*
- *¿Qué quiero aprender sobre este tema?*
- *¿Por qué estoy leyendo este libro?*

Durante la lectura:

- *Me pregunto por qué...*
- *Tengo curiosidad de saber...*
- *¿En qué se parece esto a algo que ya conozco?*
- *¿Qué he aprendido hasta ahora?*

Después de leer:

- *¿Qué intentaba enseñarme el autor?*
- *¿Cuáles son algunos detalles?*
- *¿Cómo me ayudaron las fotografías y los pies de foto a entender más?*
- *Vuelve a leer el libro y busca las palabras del vocabulario.*
- *¿Qué preguntas tengo aún?*

Actividades de extensión:

- *¿Cuál fue tu parte favorita del libro? Escribe un párrafo sobre ella.*
- *Haz un dibujo de lo que más te gustó del libro.*

TABLE OF CONTENTS

ÍNDICE

What Makes a Dog a Service Dog?

¿Qué hace que un perro sea un perro de servicio?

A service dog is any dog that performs a job or a task that helps a person who has a physical or mental **disability**.

Un perro de servicio es cualquier perro que realiza un trabajo o una tarea para ayudar a una persona que tiene una **discapacidad** física o mental.

These tasks can be anything from guiding people down a sidewalk to sniffing out changes in a person's health.

Estas tareas pueden ser cualquier cosa, desde guiar a las personas por una acera hasta olfatear cambios en la salud de una persona.

Any dog can be a service dog—from a giant Great Dane to a tiny Chihuahua.

Cualquier perro puede ser un perro de servicio, desde un gran danés gigante hasta un pequeño chihuahua.

How Can I Tell if a Dog is a Service Dog?

¿Cómo puedo saber si un perro es un perro de servicio?

People often recognize service dogs by the vests some wear. However, service dogs are not the only dogs that wear vests. So do therapy dogs and courthouse dogs.

La gente suele reconocer a los perros de servicio por los chalecos que algunos llevan. Sin embargo, los perros de servicio no son los únicos que llevan chalecos. También lo hacen los perros de terapia y los perros de las cortes.

There are also service dogs that don't wear vests. Hearing dogs and medical alert dogs don't always need to wear them.

También hay perros de servicio que no llevan chaleco. Los perros de audición y los de alerta médica no necesitan llevarlos siempre.

FACT
DATO

Many hearing dogs have special leashes, capes, or jackets instead of vests.

Muchos perros de audición tienen correas especiales, capas o chaquetas en lugar de chalecos.

So, how can you tell if a dog is a service dog? Take a look. Is the dog performing any tasks or helping a person who has a disability? Is the dog calm and focused on its **handler**?

Entonces, ¿cómo puedes saber si un perro es un perro de servicio? Echa un vistazo. ¿El perro está realizando alguna tarea o ayudando a una persona con discapacidad? ¿El perro está tranquilo y centrado en su **propietario**?

If the answer to both is yes, the dog is a service dog. However, it is important to remember that it is not always possible to see that a person has a disability.

Si la respuesta a ambas preguntas es afirmativa, se trata de un perro de servicio. Sin embargo, es importante recordar que no siempre es posible ver que una persona tenga una discapacidad.

More than 80 million Americans use some type of service dog.

Más de 80 millones de estadounidenses utilizan algún tipo de perro de servicio.

Serving in the Community
Sirviendo en la comunidad

Many people think dogs are cute and playful, but service dogs have jobs to do. Service dogs help their handlers live and work safely. Do not pet or distract a service dog while it is working.

Mucha gente piensa que los perros son bonitos y juguetones, pero los perros de servicio tienen trabajos que hacer. Los perros de servicio ayudan a sus propietarios a vivir y a trabajar con seguridad. No acaricies ni distraigas a un perro de servicio mientras está trabajando.

Distracting a service dog can be extremely dangerous to the person that needs that dog's help.

Distraer a un perro de servicio puede ser extremadamente peligroso para la persona que necesita su ayuda.

FACT DATO

Service dogs are not only trained to listen to commands, but to refuse unsafe commands.

Los perros de servicio no solo están entrenados para escuchar órdenes, sino para rechazar órdenes inseguras.

Types of Service Dogs
Tipos de perros de servicio

Guide Dogs

Guide dogs help people who are completely or **partially** blind find their way. They are also known as seeing-eye dogs. These service dogs were first used in Germany in the early 1900s, after many soldiers were blinded during World War I.

Perros guía

Los perros guía ayudan a las personas total o **parcialmente** ciegas a orientarse. También se les conoce como perros lazarillos. Estos perros de servicio se utilizaron por primera vez en Alemania a principios del siglo XX, después de que muchos soldados quedaran ciegos durante la Primera Guerra Mundial.

Many of the first guide dogs were German shepherds. Today, however, breeders mostly choose golden or Labrador retrievers.

Muchos de los primeros perros guía eran pastores alemanes. Sin embargo, hoy en día los criadores eligen sobre todo golden retrievers o labradores.

Guide dogs and their handlers work together to navigate from place to place.

Los perros guía y sus propietarios trabajan juntos para desplazarse de un lugar a otro.

Hearing Dogs
Perros de audición

Hearing dogs use their ears to help people who are deaf or hard-of-hearing. These dogs listen for things such as fire alarms, cooking timers, crying children, and doorbells.

Los perros de audición utilizan sus oídos para ayudar a las personas sordas o con problemas de audición. Estos perros escuchan cosas como alarmas de incendio, temporizadores de cocina, niños que lloran y timbres.

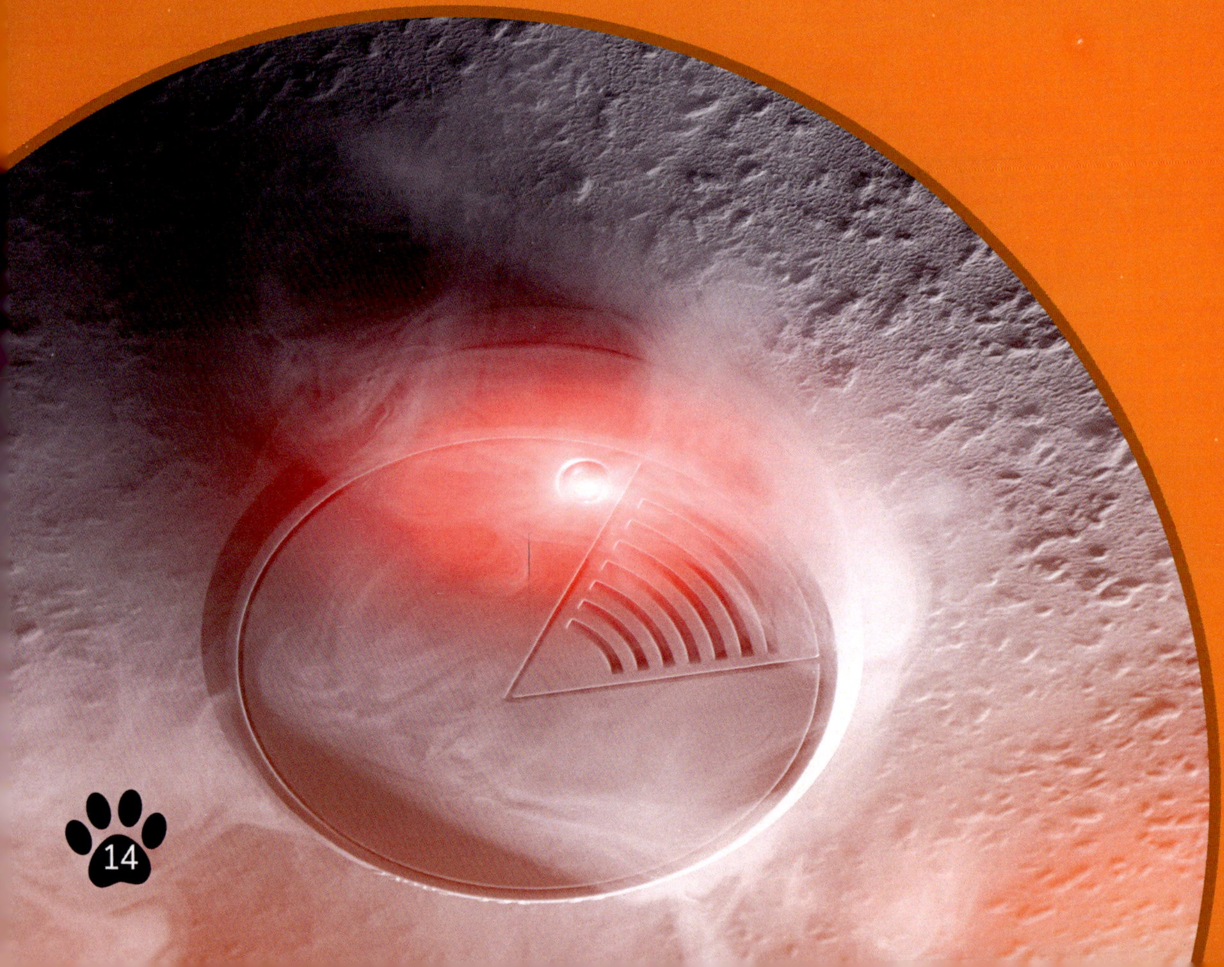

If there's an emergency alert going off, hearing dogs let their owners know about the danger. A hearing dog can be any breed, as long as it is intelligent and focused.

Si se produce una alerta de emergencia, los perros de audición avisan a sus dueños del peligro. Un perro de audición puede ser de cualquier raza, siempre que sea inteligente y centrado.

FACT
DATO

Hearing dogs don't bark to get attention. Instead, they are trained to alert their handlers physically. They may nudge the person with their nose, lick them, or touch them with their paws.

Los perros de audición no ladran para llamar la atención. En cambio, están entrenados para alertar físicamente a sus propietarios. Pueden empujar a la persona con su hocico, lamerla o tocarla con sus patas.

Mobility Dogs

Perros de movilidad

Mobility dogs are service animals trained to help people move. They do not guide their handlers like guide dogs. Instead, they help people balance and walk from place to place. They are normally bigger breeds like the Saint Bernard or the Great Dane. This is because people often lean on them.

Los perros de movilidad son animales de servicio entrenados para ayudar a las personas a moverse. No guían a sus propietarios como los perros guía. En cambio, ayudan a las personas a mantener el equilibrio y a caminar de un lugar a otro. Normalmente son razas más grandes, como el san bernardo o el gran danés. Esto se debe a que la gente suele apoyarse en ellos.

Some mobility dogs assist people who use wheelchairs. These dogs fetch things and help people in wheelchairs get around.

Algunos perros de movilidad ayudan a las personas que utilizan silla de ruedas. Estos perros van a buscar cosas y ayudan a las personas en silla de ruedas a moverse.

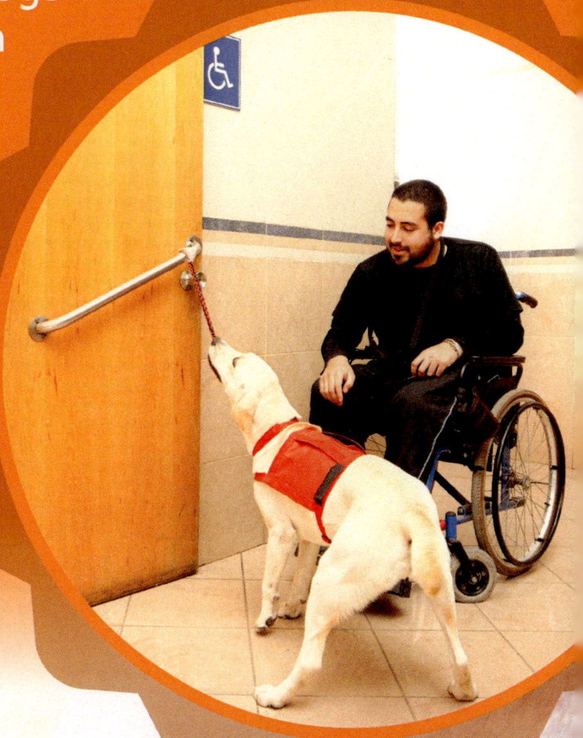

Mobility dogs can open fridges, carry groceries, and perform a full range of daily tasks.

FACT DATO

Los perros de movilidad pueden abrir frigoríficos, llevar las compras y realizar toda una serie de tareas cotidianas.

Medical Alert Dogs

Perros de alerta médica

Medical alert dogs warn of oncoming medical issues such as seizures or changes in blood sugar. These dogs notice slight changes in their handler's bodies, and then spring into action to alert them before a medical problem happens. They help their humans avoid serious injury and even death.

Los perros de alerta médica advierten de problemas médicos inminentes, como convulsiones o cambios en el nivel de azúcar en la sangre. Estos perros notan ligeros cambios en el cuerpo de sus propietarios y entran en acción para alertarlos antes de que se produzca un problema médico. Ayudan a sus propietarios a evitar lesiones graves e incluso la muerte.

Some medical alert dogs are used by people who have severe allergies. They sniff out any **allergens** to see if it is safe for their owner to do certain things, such as going into a room, using a public computer, or eating a restaurant meal.

Algunos perros de alerta médica son utilizados por personas con alergias graves. Olfatean cualquier **alérgeno** para ver si es seguro que su dueño haga ciertas cosas, como por ejemplo, entrar a una habitación, utilizar una computadora pública o comer en un restaurante.

Medical alert dogs can smell traces of allergens and warn their handlers.

Los perros de alerta médica pueden oler rastros de alérgenos y avisar a sus propietarios.

Seizure dogs are medical alert dogs that can detect chemical changes in their handlers' bodies. They sense seizures minutes before they happen and alert their handlers.

Los perros anticonvulsivos son perros de alerta médica que pueden detectar cambios químicos en el cuerpo de sus propietarios. Detectan las convulsiones minutos antes de que se produzcan y alertan a sus propietarios.

Medical alert dogs can be trained to warn their handlers in various ways, such as pawing, nudging, or barking.

Los perros de alerta médica pueden ser adiestrados para avisar a sus propietarios de diversas maneras, como dando zarpazos, empujones o ladridos.

Psychiatric Service Dogs

Perros de servicio psiquiátrico

These service dogs help people with mental health conditions. They may remove possible **triggers** from an environment or alert people that panic attacks are coming.

Estos perros de servicio ayudan a las personas con problemas de salud mental. Pueden eliminar posibles **desencadenantes** de un entorno o alertar a las personas de que se avecinan ataques de pánico.

Psychiatric service dogs can also remind people about medication and interrupt repetitive or harmful **behaviors**. These dogs need to be calm and attentive. The breed does not matter.

Los perros de servicio psiquiátrico también pueden recordar a las personas de la medicación e interrumpir los **comportamientos** repetitivos o perjudiciales. Estos perros deben estar tranquilos y atentos. La raza no importa.

Psychiatric service dogs can turn on lights and enter a room first to help calm a person's anxiety.

Los perros de servicio psiquiátrico pueden encender las luces y entrar primero a una habitación para ayudar a calmar la ansiedad de una persona.

Picking the Perfect Puppy

¿Cómo elegir el cachorro perfecto?

Trainers look for calm puppies to become service dogs. A future service dog should be alert and eager to please its handler.

Los adiestradores buscan cachorros tranquilos para convertirlos en perros de servicio. Un futuro perro de servicio debe estar alerta y dispuesto a complacer a su cuidador.

Service dogs need to be at least 6 months old to start working at their jobs.

Los perros de servicio deben tener al menos 6 meses de edad para empezar a trabajar.

FACT DATO

The training period for a service dog starts very early, sometimes even from birth. However, it does not have to start as a puppy. If it has the right **temperament**, an older rescue dog can make a great service dog.

El periodo de adiestramiento de un perro de servicio comienza muy pronto, a veces incluso desde el nacimiento. Sin embargo, no es necesario que empiece cuando es un cachorro. Si tiene el temperamento adecuado, un perro de rescate mayor puede ser un gran perro de servicio.

Training
Adiestramiento

Service dogs can be trained by anyone, but most service dogs are trained by professionals who have completed courses and have earned a certificate.

Cualquiera puede adiestrar a los perros de servicio, pero la mayoría de los perros de servicio es adiestrada por profesionales que han completado cursos y han obtenido un certificado.

Training one service dog can cost over $25,000. The cost depends on the job that they will do for their handler.

Adiestrar a un perro de servicio puede costar más de 25 000 dólares. El costo depende del trabajo que vaya a realizar para su cuidador.

The average service dog needs at least 120 hours of training and 30 hours of practice in public.

Un perro de servicio promedio necesita al menos 120 horas de entrenamiento y 30 horas de práctica en público.

Service Dogs Are Heroes!

Los perros de servicio son héroes

Service Dogs Help Veterans!

The first service dogs were used to help the **veterans** of World War I who had lost their sight. Today, they still help veterans returning from war.

¡Los perros de servicio ayudan a los veteranos!

Los primeros perros de servicio se utilizaron para ayudar a los **veteranos** de la Primera Guerra Mundial que habían perdido la vista. Hoy en día, siguen ayudando a los veteranos que regresan de la guerra.

Service dogs help veterans deal with **PTSD**, hearing loss, and mobility issues.

Los perros de servicio ayudan a los veteranos a lidiar con el **TEPT**, la pérdida de audición y los problemas de movilidad.

FACT
DATO

Service dogs can wake a person having a bad dream and help to calm them down.

Los perros de servicio pueden despertar a una persona que tiene una pesadilla y ayudarla a calmarse.

Service Dogs Are Lifelines

Los perros de servicio son salvavidas

Service dogs are carefully paired with their handlers. They share deep bonds and depend on each other.

Los perros de servicio encajan cuidadosamente con sus dueños. Tienen vínculos profundos y dependen el uno del otro.

A service dog can be trained to carry a portable phone to its owner in an emergency.

Un perro de servicio puede ser entrenado para llevar un teléfono portátil a su dueño en caso de emergencia.

Service dogs are lifelines for their owners. They help keep them safe and allow them to live more independent lives.

Los perros de servicio son salvavidas para sus dueños. Les ayudan a mantenerse a salvo y les permiten llevar una vida más independiente.

Glossary

allergens (al-UR-jenz): substances that cause allergic reactions in people

behaviors (bi-HAYV-yuhrz): things that people or animals do

disability (diss-UH-bil-uh-tee): a condition, either mental or physical, that prevents a person from performing one or more tasks in their everyday life

handlers (hand-duhl-erz): people who own and use service dogs

partially (PAR-shuhl-ee): not completely, or only having part of something (i.e., partially blind means the person has some sight)

PTSD: stands for Post-Traumatic Stress Disorder, a mental health condition that affects people who have lived through difficult and shocking events

temperament (TEM-pur-uh-muhnt): a person or animal's nature, especially how they act or respond

triggers (TRIG-urz): to cause something to happen

veterans (VET-ur-uhnz): soldiers who served in the military or naval or air service and were discharged, or are no longer part of active duty

Glosario

alérgeno: Sustancias que provocan reacciones alérgicas en las personas.

comportamientos: Cosas que hacen las personas o los animales.

desencadenantes: Causantes de que algo ocurra.

discapacidad: Una condición, ya sea mental o física, que impide a una persona realizar una o más tareas de su vida cotidiana.

parcialmente: No completamente, o que solo tiene parte de algo (por ejemplo, parcialmente ciego significa que la persona tiene algo de vista).

propietario: Personas que tienen y utilizan perros de servicio.

temperamento: Naturaleza de una persona o animal, especialmente su forma de actuar o responder.

TEPT: Significa Trastorno de Estrés Postraumático, una condición de salud mental que afecta a las personas que han vivido eventos difíciles e impactantes.

veteranos: Soldados que sirvieron en el ejército o en el servicio naval o aéreo y fueron dados de baja, o ya no forman parte del servicio activo.

Index

Índice analítico

Websites to Visit
Sitios web para visitar

https://kids.kiddle.co/Service_animal

https://easyscienceforkids.com/all-about-guide-and-service-dogs

https://www.kidzworld.com/article/24593-all-about-assistance-dogs

About the Author

B. Keith Davidson grew up around dogs and has always been fascinated by the bonds that humans and these very special creatures share. Beagles are his favorite dogs, even if they are stubborn and frustrating. He has a Master's degree in Canadian History from Carleton University.

Sobre el autor

B. Keith Davidson creció rodeado de perros, y siempre le han fascinado los vínculos que comparten los humanos y estas criaturas tan especiales. Los beagles son sus perros favoritos, aunque sean testarudos y frustrantes. Tiene una maestría en Historia de Canadá por la Universidad de Carleton.

Crabtree Publishing

crabtreebooks.com   800-387-7650

Hardcover 978-1-0398-6929-5
Paperback 978-1-0398-6908-0
Ebook (pdf) 978-1-0398-6950-9
Epub 978-1-0398-6971-4

Library and Archives Canada Cataloguing in Publication
Available at the Library and Archives Canada

Library of Congress Cataloging-in-Publication Data
Available at the Library of Congress

Printed in the U.S.A./CP062026

Published in Canada
Publicado en Canadá
Crabtree Publishing
616 Welland Avenue
St. Catharines, Ontario
L2M 5V6

Published in the United States
Publicado en los Estados Unidos
Crabtree Publishing
347 Fifth Avenue
Suite 1402-145
New York, NY 10016

Written by/Escrito por: B. Keith Davidson
Designer/Diseñadora: Jennifer Dydyk
Editor/Editora: Kelli Hicks
Proofreader/Correctora de pruebas: Janine Deschenes
Translated by/Traducción de: Santiago Ochoa
Spanish-language layout and proofread/
Maquetación y corrección en españo: Base Tres
Production manager/Coordinadora de producción:
Candice Campbell

Photographs: Cover illustration of Dog(also on title page) © Nevada3, photo of dog © Jose Luis Stephens, woman © Pixel-Shot, Page 4 Golde retriever © parsobchai Ngammoa, inset photo © MintImages, Page 5 top photo © Africa Studio, Great Dane © ButtermilkgirlVirginia, chihuahua © Microfile.org, Page 7 top photo © Monkey Business Images, bottom photo © Shine Caramia, Page 8 © SasaStock, Pages 9 and 10 © Africa Studio, Page 11 top photo © Cari Rubin Photography, bottom photo © Tim photo-video, Page 12 © Akimov Igor, Page 13 top photo © SasaStock, bottom photo © Pixel-Shot, Page 14 © r.classen, Page 15 dog © Pop Paul-Catalin, alarm © Dzm1try, Page 16 © ButtermilkgirlVirginia, Page 17 top photo © Jose Luis Stephens, bottom photo © Belish, Page 18 © WilleeCole Photography, Page 19 peanuts © Euripides, dog © BublikHaus, Page 20 top photo © aerophoto, bottom photo © GingerKitten, Page 21 © Igor Normann, Page 22 © Nina Buday Page 23 top photo © GrungyBit, bottom photo © goodbishop, Page 24 © Belish, Page 25 top photo © IDN, bottom photo © Belish, Page 26 © PEPPERSMINT, Page 27 top photo © Trong Nguyen, bottom photo © ja-images, Page 28 top photo © Clare Louise Jackson, bottom photo © Bic Bambi Productions, Page 29 top photo © Vitaly Titov, bottom photo © Africa Studio. All images from Shutterstock.com except page 6 © Davic Walsen https://creativecommons.org/licenses/by-sa/3.0/deed.en